Licht und Schatten im Gesicht des Alltags

Von Frank Kralemann

Buchbeschreibung:

Dieses Buch ist eine Sammlung von Momenten, eingefangen in Poesie. Es spricht von der Liebe und ihren süßen Küssen, von den stillen Stunden der Langeweile, von Entscheidungen, die unser Leben prägen, und von all den Facetten, die unseren Alltag ausmachen. Hier finden Sie die Schönheit im Banalen und die Tiefe in den alltäglichen Augenblicken.

Die Gedichte in diesem Band sind wie Spiegel, die Ihnen neue Perspektiven auf vertraute Szenen bieten. Sie sind wie sanfte Melodien, die das Herz berühren und die Gedanken anregen. Mit jeder Seite werden Sie die Freude spüren, die Worte hervorrufen können, und die Möglichkeit, in den einfachen Dingen des Lebens Großartiges zu entdecken.

Über den Autor:

Frank Kralemann lebt in Ostwestfalen, er ist Vater und Großvater. Er mag die Sprache der Liebe und die Poesie des Alltags.

Frank Kralemann schreibt seit 2007 Bücher .

Licht und Schatten im Gesicht des Alltags

von Frank Kralemann

1. Auflage, 2024 Frank Kralemann

Herstellung und Verlag:
BoD - Books on Demand, Norderstedt

ISBN: 9783759704856

Inhaltsverzeichnis

12
Einleitung 12
Gelassenheit 14
Sinn 16
18
Eins sein 18
Ankommen 20
22
Nähe und Abstand 22
Was Liebe ist 24
Fallen lassen 25
Ja 26
Halten 27
Im Rausch der Gegensätze 29
Himmelhochjauchzend 30
Erwartung 31
Vertrautheit 33
Der Mond 34
Verlorene Liebe 35
Verbindlichkeit 36
Der Traum 38
Die Nacht 39

Stärke 40
Müde 41
Dranbleiben 42
Motiviert 43
Der Kuss 44
Kleine Dinge 45
Sehnsucht 46
Sommer 47
Abend 48
Demut 49
Wolken 49
Liebe 50
Sorge 52
Der Schlaf 53
Lebe 53
Das gute Leben 54
Ich träumte 55
Abstand 56
Unterschied 57
Hoffnung 58
Ich vermisse Dich 60
Ich will mit Dir 61
Gute Nacht, mein Freund 63
Was wir ändern können 65

Das Sein 66
Worte 67
Die Nacht 1 68
Der Engel 69
Nah bei dir 70
Die anderen 71
Das Warten 74
Die Seele 76
Das Spiel 79
Der Mut 81
Die Leere 83
Zufriedenheit 84
Loslassen 86
Der Himmel 87
Leidenschaft 89
Die Kraft der Entscheidung 90
Laufen 93
Geduld 95
Das Glück 97
Frau und Mann 99
Die Mäßigung 101
Liebe 102
Das Schicksal 104
Die Langeweile 106

Zeit 107
Melancholie 109
Freude 110
Wahre Freunde 111
Hoffnung 112
Trauer 113
Einsam 114
Das Alter 115
Begehren 116
Ich liebe Dich 117
Die Langeweile 1 118
Die Sehnsucht 1 120
Die Hoffnung 122
Das Warten 124
Der Alltag 127
Der Schatten 129
Schatten 130
Der Alltag 131
Die stille Nacht 132
Einsamkeit 133
Gute Nacht 134
Lust 136
Begehren 138
Liebeserklärung 140

Liebesbrief 141
Was Liebe ist 143
Was Liebe nicht ist 144
Regen im Juni 146
Nebel 147
Alles ist eins 148
Für immer Du 149
Zukunft, Gegenwart und Vergangenheit 150
Der Seiltänzer der Zeit 151

Einleitung

Stellen Sie sich vor, Sie betreten einen Garten voller Gedanken und Gefühle, in dem jeder Vers eine Blume ist, die im Licht des Alltags blüht und im Schatten seine Geheimnisse birgt. In diesem Gedichtband, „Licht und Schatten im Gesicht des Alltags“, lade ich Sie ein, diese Blüten zu pflücken und die Vielfalt des menschlichen Lebens zu erleben.

Dieses Buch ist eine Sammlung von Momenten, eingefangen in Poesie. Es spricht von der Liebe und ihren süßen Küssen, von den stillen Stunden der Langeweile, von Entscheidungen, die unser

Leben prägen, und von all den Facetten, die unseren Alltag ausmachen. Hier finden Sie die Schönheit im Banalen und die Tiefe in den alltäglichen Augenblicken.

Dieser Gedichtband ist dazu da, Ihnen Freude zu bereiten und Sie zum Nachdenken anzuregen. Er möchte Sie einladen, die Liebe in all ihren Formen zu feiern und die vielen Schattierungen des Alltags zu schätzen. Die Poesie in diesen Seiten ist ein Geschenk, das darauf wartet, von Ihnen ausgepackt zu werden – ein Genuss für die Seele und ein Fest für den Geist.

Öffnen Sie dieses Buch und lassen Sie sich von den Versen leiten. Finden Sie sich selbst in den Worten wieder und entdecken Sie neue Bedeutungen in den Zeilen des Alltags. Denn „Licht und Schatten im Gesicht des Alltags“ ist mehr als nur ein Gedichtband – es ist eine Reise durch das Leben, in all seiner Schönheit und Komplexität.

Willkommen in einer Welt, in der jeder Moment eine Geschichte erzählt, und jede Geschichte ein

Gedicht ist. Tauchen Sie ein und lassen Sie sich verzaubern.

Gelassenheit

In Stürmen stehen
    Wie ein Baum
    Verwurzelt in der Erde
    Genährt vom Vertrauen

Die Blätter mögen zittern

Im Wind der Veränderung
Doch der Stamm bleibt stark
Unbeirrt im Sein

Gelassen sein heißt
Im Jetzt zu leben
Jeden Augenblick zu ehren
Als Geschenk des Himmels

Nicht zu hadern
Mit dem was war
Oder dem was kommt
Sondern da zu sein

Für das was ist

Mit offenem Herzen
Und einem Lächeln
Das Frieden ausstrahlt

Denn wer Frieden findet
In sich selbst
Der trägt ihn hinaus
Und sät ihn in die Welt

Sinn

Sinn finden
 heißt nicht
 einen verborgenen Schatz
 entdecken

Sinn finden bedeutet nicht
 eine vorbestimmte Aufgabe erfüllen

Sinn finden
 meint nicht
 eine endgültige Antwort
 auf alle Fragen haben

Sinn finden
 ist vielmehr
 dem eigenen Leben
 selbst Bedeutung geben

Sinn finden heißt aus sich herausgehen und
für andere da sein

Sinn finden
bedeutet seine Talente nutzen
und Spuren hinterlassen

Sinn finden meint das Schöne sehen
und dankbar sein
für das was ist

Sinn finden
heißt auch dem Schweren standhalten
und daran wachsen

Denn Sinn ist nichts
Feststehendes
sondern will immer neu erschaffen sein

Sinn finden wir letztlich
Nur in uns selbst

indem wir dem folgen
was uns zutiefst berührt und erfüllt

Eins sein

Eins-Sein ist
nicht Ich-Sein
und Du-Sein
zusammenzählen

Eins-Sein bedeutet nicht Addition
sondern eine neue höhere Einheit

Eins-Sein heißt
nicht ineinander aufgehen und
sich selbst verlieren

Eins-Sein meint
gerade als Verschiedene
Zueinander finden
und beieinander bleiben

Eins-Sein ist wie ein Tanz
bei dem man führt und folgt
zugleich

Eins-Sein bedeutet
nicht Stillstand
sondern gemeinsame
Entwicklung

Eins-Sein lässt
Altes hinter sich
und wagt immer
wieder Neues

Denn Eins-Sein ist nicht nur Ziel
sondern ein Weg
der nie endet

Wahres Eins-Sein
macht nicht abhängig, sondern schenkt Freiheit
und Geborgenheit gleichermaßen

Ankommen

Ankommen ist
nicht nur
ein Ort erreichen
ein Ziel erkennen
eine Reise beenden

Ankommen ist
auch bei sich selbst anlangen
die eigene Mitte finden im Gleichgewicht sein

Ankommen bedeutet
nicht nur

von anderen empfangen werden
willkommen sein

Ankommen heißt
auch sich selbst
annehmen können mit allem was war
und allem was ist

Ankommen meint loslassen und
das Alte hinter sich lassen
um offen zu sein
für einen neuen Anfang

Denn jedes Ankommen
birgt schon den Keim
des nächsten Aufbruchs
weil Leben heißt
immer unterwegs bleiben

Wahres Ankommen bedeutet vielleicht
bei sich und der Welt
zugleich zu Hause
und in der Fremde zu sein

Nähe und Abstand

Nähe ist
wenn ich dich spüre
ganz nah bei mir
deine Wärme fühle
deinen Atem schmecke

Abstand ist wenn zwischen uns
Welten liegen
obwohl wir nebeneinander stehen

Nähe ist ein Blick
Der alles sagt
ohne Worte
Verstehen ohne Erklären

Eins-Sein ohne Verschmelzen

Abstand ist
zusammen einsam sein
aneinander vorbei reden
sich fremd fühlen
beim Vertrauten

Nähe und Abstand
ein ewiges Wechselspiel
von Verlangen und Missen
Anziehung und Furcht
Geborgenheit und Freiheit

Nur wer beides zulässt
das Nahe und das Ferne
wird die Liebe
in ihrer ganzen Tiefe
begreifen können

Was Liebe ist

Zuneigung

Verbundenheit

Vertrauen

Geborgenheit

Zärtlichkeit

Leidenschaft

Sehnsucht

Treue

Loyalität

Respekt

Akzeptanz

Wertschätzung

Fürsorge

Unterstützung

Großzügigkeit

Selbstlosigkeit

Mitgefühl

Einfühlungsvermögen

Geduld
Verständnis
Ehrlichkeit
Offenheit
Verlässlichkeit
Sicherheit
Verantwortung
Kompromissbereitschaft
Vergebung
Freude
Glück
Erfüllung

Fallen lassen

Manche Dinge muss man fallen lassen
damit man die Hände frei hat für Neues
Alte Gedanken, die einem im Weg stehen
Gewohnheiten die mehr belasten als nützen
Auch Menschen die einen runterziehen statt zu beflügeln muss man manchmal fallen lassen

Das bedeutet nicht sie fallenzulassen wie etwas Wertloses

Es heißt nur sie loszulassen mit Respekt

Denn oft kann erst dann Neues entstehen wenn man den Ballast fallen lässt

Und manchmal fällt einem erst wenn man etwas fallen lässt, auf was man eigentlich festhalten will

Ja

Ein ja ist manchmal schwerer als ein Nein

Denn Nein ist oft Gewohnheit Bequemlichkeit

Nein sagt man weil man keine Lust hat sich zu ändern

Ja bedeutet Aufbruch ins Unbekannte

über Grenzen gehen

Ja heißt Verantwortung übernehmen

für Neues

Ja kann unbequem sein herausfordernd

aber auch befreiend

Manchmal braucht es Mut
In einer Welt der Neins Ja zu sagen

Halten

Halte mich fest
Aber nicht zu eng
Dass ich atmen kann
Und mich entfalten

Lass mich los
Aber nicht zu weit
Dass ich dich noch spüre
Und zu dir finden kann

Halte mich
Und lass mich
Zur rechten Zeit
Im rechten Maß
So wie der Baum
Die Blätter hält

Bis der Herbstwind
kommt
Und sie sanft davon trägt
Dann lass mich los

Vertrau darauf
Dass ich wiederkehre
Wie neues Grün im Frühling
Halt und Loslassen
Geben und Nehmen
Nur so kann Liebe
Wachsen und bestehen

Im Rausch der Gegensätze

Welch Kraft, die hier am Werke ist,
wenn Gegensätze aufeinander prallen!
Ein Tanz, ein Kampf voll Leidenschaft,
in dem die Funken sprühn und knallen
Licht und Schatten,
Yin und Yang,
Ziehen sich an und stoßen sich ab im wilden Drang.
Verbinden sich und trennen sich im Nu,
ein ewig Wechselspiel in rasender Fahrt im Nu.
Welch Energie, die hier entspringt,
aus der Spannung der Polarität!
ein Feuer, das die Herzen in Wallung bringt,entfacht, wenn das Paradox sich paart.
Mann und Frau, Plus und Minus,
Nähren sich am Unterschied des andern. Sehnen sich, verschmelzen nimmersatt im Überschuss,nur um erneut getrennte Wege dann zu wandern.
Denn im Kontrast liegt der Reiz und der Genuss,

in der Reibung der Verschiedenheit die Lust.

Was wär das Licht ohne des Schattens Kuss?

Erst beider Tanz entflammt der Liebe Brust.

So lasst sie aufeinander los, die Widerparts,

lasst lodern hell der Leidenschaft Feuer!

Im Rausch der Gegensätze offenbart sich uns, der Schöpferkraft gewaltig Ungeheuer.

Himmelhochjauchzend

Mein Herz, es hüpft vor lauter Freud,

So ausgelassen allezeit.

Als würd die Seel vor Wonne platzen,

in Glückseligkeit zehn Meter hoch aufwärts Hatzen!

Die Gefühle toben, Gedanken kreisen, Ich könnt die ganze Welt umschmeißen! Jauchzen, juchzen, Purzelbäume schlagen, vor Begeisterung kaum zu ertragen.

Wie wenn nach Dürre der Regen rauscht, und die durstige Erde berauscht, so gießt des Jubels

Überschwang, das Herz randvoll und macht ihm bang.

Doch ist's ein Rausch, der Glück verheißt,
Der mit Entzücken mich durchfleißt!
Mein ganzes Sein ist himmelhocherhaben,
Ekstase pur, nicht zu begraben!

Erwartung

Erwartung ist ein Zauberstab
Der unsere Welt verwandelt
Mal leuchtet sie in Siegesfarben
Dann wieder grau und kalt

Erwartung ist der Blick voraus
In ungewisse Ferne
Sie malt die Zukunft hell und schön
Mit Bildern, die wir gerne säh'n

Erwartung treibt uns an zum Ziel

Lässt Kräfte in uns wachsen
Doch wenn sie enttäuscht wird
Kann sie auch bitter schmecken

Erwartung ist ein zweischneidig Schwert
Das tief in uns kann dringen
Hebt uns zu höchsten Höhen
Oder lässt uns Ängste bringen

Erwartung ist ‚ne Macht in uns
Die unser Leben leitet
Je nachdem worauf sie zielt
Uns Freud‘ oder Leid bereitet

Drum achte wohl, worauf du hoffst
Und was du dir ersehnest
Denn die Erwartung färbt die Welt
Noch eh‘ du sie erhältst

Erwartung kann ein Kompass sein
Der uns durchs Leben führt
Doch bleibt auch offen für das Unerwartete
Das oft das Schönste wird

Vertrautheit

So nah und doch so fern scheint oft Vertrautheit
Wenn man sie sucht ist sie nicht da
Und plötzlich unerwartet ist sie ganz nah
Vertrautheit braucht Zeit zu wachsen
Wie eine zarte Pflanze gehegt und gepflegt
Bis Wurzeln sich festigen im Grund
des Verstehens
Vertrautheit ist sich fallen lassen können
Ohne Angst verletzt zu werden
Sich zeigen wie man ist
Angenommen sein
Vertrautheit heißt den anderen sehen
Hinter Fassaden blicken
Das wahre Selbst erkennen
Und es schätzen wie einen Schatz
Vertrautheit schenkt tiefe Verbundenheit
Zwischen Seelen, die sich erkannt
Sich Vertrauen in stillem Einverständnis

So kostbar und zerbrechlich Vertrautheit zwischen Menschen
Zu schützen und zu wahren wie ein Kleinod
Dann wärmt und birgt sie ein Leben lang

Der Mond

Der Mond am Himmel
so fern und doch so nah
Scheint herab auf die Welt
beleuchtet was geschah

Mal voll und rund
dann wieder schmal und fein
Wandelt stets sein Antlitz
im ewigen Schein

Zieht Gezeiten an
und lässt sie wieder gehen
Ein stiller Begleiter der Erde in den Höhen

Inspiriert die Menschen
zu Träumen ohne Zahl
Zeuge von Geschichten
schweigend allemal

Symbol der Sehnsucht
nach Frieden und nach Glück
Du treuer Erdtrabant
kommst immer neu zurück

Verlorene Liebe

Verlorene Liebe
Einst warst du mein, ganz nah und vertraut
Doch die Zeit, sie nahm ihren Lauf
Unsere Liebe, so innig und laut
Verstummte und löste sich auf
Nun steh ich hier, mit Tränen im Blick
Erinnere mich an unser Glück
An jeden Kuss, jedes Lächeln zurück

Doch die Liebe kehrt nicht mehr zurück
Ich suche nach dir, in meinem Herzen
Doch finde nur Leere und Schmerzen
Die Sehnsucht, sie brennt wie Kerzen
Doch unsere Liebe musste ich verschmerzen
So gehe ich nun, mit wunden Füßen
Muss lernen, dich zu vermissen
Unsere Liebe, einst so süß
Bleibt nun für immer zerrissen

Verbindlichkeit

Was ist Verbindlichkeit
fragt das Kind
Eine Fessel die bindet
sagt der Furchtsame
und schüttelt den Kopf

Was ist Verbindlichkeit
fragt der Träumer
Ein Versprechen das trägt

lächelt der Liebende und öffnet sein Herz

Was ist Verbindlichkeit fragt der Grübler
Verantwortung füreinander
erwidert der Weise
die uns menschlich macht

Verbindlichkeit ist
was du draus machst
ein starkes Band gewoben aus Worten und Taten
das Halt gibt und hält

Knüpfe es sorgsam
mit Achtsamkeit und Respekt
sei es Balsam und Anker
in stürmischen Zeiten
ein Fels in der Brandung

Der Traum

Was ist ein Traum
fragt das Kind
Ein Spiel der Fantasie
sagt der Erwachsene
während er schläft

Was ist ein Traum fragt der Zweifler
Ein Wunsch der Seele
flüstert der Poet
der niemals ruht

Was ist ein Traum
fragt der Weise Ein Spiegel unseres Seins
lächelt der Mond
und schweigt still

Ein Traum ist, was du draus machst
ein zartes Samenkorn

das wachsen will
tief in dir

Pflanze ihn sorgsam
begieße ihn täglich
mit Liebe und Mut
und ernte eines Tages
seine wundersamen Früchte

Die Nacht

Die Nacht kommt leise
Hüllt alles ein
In samtenes Schwarz
Ist da ganz nah
Die Nacht bringt Träume
Nimmt Sorgen fort
Schenkt süße Ruh
Bis der neue Tag uns weckt
Die Nacht hat tausend Augen

Sieht, was sonst keiner sieht
Hört die Stille und das einsame Lied
Der Welt die Nacht ist weise
Stellt keine Fragen
Versteht ohne Worte
Lässt uns los und hält uns fest
Die Nacht ist Freiheit
Tief und weit wie das Meer
Trägt uns sanft
Bis ans rettende Ufer
Des Morgens

Stärke

Stärke ist nicht Unverwundbar zu sein
Sondern Wunden zu haben
Und weiterzugehen
Stärke ist nicht Fehlerlos zu sein
Sondern Fehler einzugestehen
Und daraus zu lernen
Stärke ist nicht immer zu gewinnen

Sondern auch Niederlagen
Mit Würde zu ertragen
Stärke ist nicht Gefühle zu unterdrücken
Sondern sie zuzulassen
Und trotzdem standhaft zu bleiben
Stärke ist nicht Alles alleine zu meistern
Sondern auch um Hilfe zu bitten
Wenn die Last zu schwer wird
Stärke ist sich selbst treu zu bleiben
Auch wenn andere daran zweifeln
Für seine Überzeugungen einzustehen
Wahre Stärke kommt nicht nur aus Muskeln
Sondern aus einem Herzen
Das nicht aufgibt zu lieben

Müde

Schritte schwer sind die Lider, schwer der Schritt,
Doch das Ziel, es wartet noch.
Die Müdigkeit, sie geht mit mir mit,

aber mein Wille brennt wie ein Docht.
Ein Fuß vor den anderen, so geht es voran,
jeder Schritt ein kleiner Sieg.
Die Kraft in mir, sie weiß, ich kann, trotz Erschöpfung: Ich geb‘ nicht auf, nie.
Das Ende der Reise, es kommt in Sicht, mit jedem Schritt wird‘ ich stärker.
Die Müdigkeit weicht, es wächst das Licht,
mein Durchhaltevermögen, mein Anker.

Dranbleiben

Dranbleiben ist nicht loslassen
Auch wenn die Hände schmerzen
Dranbleiben heißt weitergehen
Auch wenn die Füße schwer sind
Dranbleiben bedeutet durchhalten
Wenn alles sinnlos scheint
Dranbleiben erfordert Geduld haben mit sich und der Welt
Dranbleiben ist an morgen glauben

auch wenn heute schwierig ist

Dranbleiben heißt sich selbst vertrauen und dem Leben eine Chance geben

Dranbleiben ist eine Entscheidung,

die man immer wieder trifft

Bis man am Ziel ist und erkennt es hat sich gelohnt

Motiviert

Motiviert sein heißt aufstehen, wenn man liegen bleiben will

Motiviert sein heißt weitermachen, wenn man aufgeben möchte

Motiviert sein heißt an sich glauben auch wenn andere zweifeln

Motiviert sein heißt

Träume haben und für sie kämpfen

Motiviert sein ist nicht immer leicht aber der einzige Weg, um das zu erreichen, was wirklich wichtig ist im Leben

Der Kuss

Deine Lippen, weich und rot,
Laden ein zu süßer Not.
Wie Blüten zart, vom Tau benetzt,
hat mich dein Kuss in Brand gesetzt
Ich trinke dich in vollen Zügen,
Will ganz in deinem Bann mich fügen.
Dein Atem streift mich warm und mild,malt
Sehnsucht mir ins Herz, so wild.
Verschmolzen sind wir, Haut an Haut
der Liebe Glut hat uns durchtaut.
In deinen Armen bin ich dein
lass ewig mich gefangen sein.
Dein Mund verspricht mir Himmelslust,
entfacht ein Feuer tief in meiner Brust.
Nur dieser Kuss, sonst brauch ich nichts,

Er führt mich heim ins Reich des Lichts.

Kleine Dinge

Es sind die kleinen Dinge
Die das Leben ausmachen
Ein Lächeln zur rechten Zeit
Ein Sonnenstrahl auf der Haut
Es sind die kleinen Dinge
Die uns beglücken
Das Zwitschern eines Vogels
Der Duft von frischem Brot
Es sind die kleinen Dinge
Die Wunder bewirken
Ein liebes Wort von einem Freund
Eine unverhoffte Umarmung
Es sind die kleinen Dinge
Die uns Menschen verbinden
Geteiltes Lachen und Weinen
Gemeinsames Hoffen und Sehnen
Es sind die kleinen Dinge

Die so groß sein können
Ein Moment der Achtsamkeit
Ein Funken Mitgefühl
Lass uns die kleinen Dinge schätzen
Ihnen mehr Raum geben
Denn sie sind es
Die unser Dasein lebenswert machen

Sehnsucht

Ich sehne mich
Nach deiner Nähe
Nach deinem Lächeln
Das mich umhüllt wie ein warmer Mantel
An kalten Tagen
Ich sehne mich
Nach deinen Augen
Die mich ansehen
Als wäre ich das Wertvollste
Auf dieser Welt

Ich sehne mich
Nach deinen Händen
Die mich halten
Und mir das Gefühl geben
Nie mehr loszulassen
Ich sehne mich
Mit jeder Faser
Denn ohne dich
Ist mein Herz
Nur eine leere Hülle

Sommer

Ich bin da sagt der Sommer
Ich bringe Licht und Wärme
Ich bin Fülle sagt der Sommer
Ich bringe reife Früchte
Ich bin Freude sagt der Sommer
Ich bringe lange Tage
Ich bin Freiheit sagt der Sommer
Ich bringe laue Nächte

Ich bin Erinnerung sagt der Sommer
Ich bringe Träume von Kindheit
Ich bin Sehnsucht sagt der Sommer
Ich bringe Hoffnung auf morgen
Ich bin Liebe sagt der Sommer
Ich bringe offene Herzen
Ich bin Leben sagt der Sommer
Ich bin da

Abend

Die Sonne sinkt
Aber das Licht bleibt in den Augen der Menschen
Die Straßen leeren sich
Aber die Gedanken füllen sich mit dem Tag der war
Die Uhren ticken leiser
Aber die Zeit wird lauter in der wachsenden Stille

Der Abend kommt nicht als Ende, sondern als Versprechen

Demut

Nicht sich selbst zum Maß aller Dinge machen
Sondern erkennen wie klein wir sind
Nicht nach Ruhm streben
Sondern nach Verständnis
Für uns selbst und andere
Demut heißt nicht Sich klein zu machen
Sondern groß genug zu sein
Um die eigenen Grenzen zu sehen

Wolken

Die Wolken sind Gedanken des Himmels
Mal leicht und verspielt mal schwer und dunkel
Sie ziehen dahin in steter Verwandlung

Formen Bilder für den, der sie betrachtet
Schiffe, Drachen, Gesichter Geschöpfe der Fantasie
Geboren aus Wasserdampf und Sonnenlicht
Doch plötzlich aufgelöst vom Wind zerrissen
Oder zu Regen verdichtet der die Erde tränkt
Tränen des Himmels Spiegel der Seele
Mal heiter, mal trüb wie das Leben selbst
So schweben sie hoch über uns
Ungreifbar und frei
ein Sinnbild der Vergänglichkeit

Liebe

Liebe ist ein warmes Flüstern
In der kalten Nacht,
ein zartes Licht,
das Dunkelheit durchbricht.
Liebe ist ein stummes Versprechen,
das keine Worte braucht, ein Blick, der sagt: „Ich bin hier, ich bleibe."

Liebe ist der süße Schmerz einer Sehnsucht, die nie ganz gestillt,

eine Flamme, die brennt und doch nie verbrennt.

Liebe ist das leise Verstehen im ungesagten Wort, das sanfte Berühren, das die Seele erweckt.

Liebe ist ein Tanz im Regen, barfuß auf nassem Gras, ein Lachen, das erklingt und alle Wunden heilt

.Liebe ist das zarte Erwachen an einem neuen Morgen, wenn der erste Sonnenstrahl auf deinen Lippen ruht.

Liebe ist das ewige Finden im ständigen Verlust, ein Kreis, der sich schließt, und doch immer neu beginnt.

Liebe ist das Flüstern der Sterne, die uns an ferne Orte tragen, ein leiser Kuss unter dem Himmelszelt.

Liebe ist das stille Glück, das in kleinen Dingen wohnt, ein Moment der Ewigkeit im flüchtigen Augenblick.

Sorge

Die Sorge ist ein ständiger Begleiter
Sie schleicht sich ein in jede Ritze des Seins
Mal leise und schleichend mal laut und fordernd
Stets präsent und schwer zu ignorieren
Sie raubt den Atem schnürt die Kehle zu
Lässt das Herz Rasen und die Gedanken kreisen
Was kann schon passieren? So viel, sagt die Sorge
Und malt in düsteren Farben die Zukunft an die Wand
Doch wenn man sie anschaut fest ins Auge fasst
Verliert sie oft ihren Schrecken
Ein Schatten ist sie nur
kein Monster von Substanz
Man muss hindurch und weiter gehen
Denn das Leben ist stärker als alle Sorgen der Welt
Es gilt, den Moment zu ergreifen und der Angst zu trotzen.

Der Schlaf

Der Schlaf ist ein seltsames Land
In das wir reisen jede Nacht
Manchmal friedlich manchmal verstörend immer geheimnisvoll und unergründlich
Er lässt uns los von den Sorgen des Tags
Schenkt uns Ruhe und neue Kraft
Doch der Morgen vertreibt ihn stets
Weckt uns unsanft zurück ins Leben
Ein flüchtiger Freund ist der Schlaf
Kostbar und wichtig doch nie von Dauer

Lebe

„Lebe“:Lebe nicht nur
aus Pflicht und Gewohnheit
Lebe mit Lust und Leidenschaft
Erfülle deine Tage mit Sinn und Taten

Lebe nicht nur um des Lebens willen

Finde dein Warum, dein Ziel

Folge deiner Bestimmung mit Mut und Zuversicht,lebe liebe lache

Schöpfe Kraft und Freude aus den kleinen Momenten

Lebe jeden Tag als, wäre es dein letzter

Und eines Tages wird es tatsächlich

dein letzter sein

Das gute Leben

Das gute Leben ist nicht nur Glück und Freude

Und Lachen

Das gute Leben ist auch Schmerz und Trauer Und Tränen

Das gute Leben ist nicht immer einfach und leicht und bequem

Das gute Leben ist auch Kampf und Mühe

Und Verzicht

Das gute Leben ist kein Leben ohne Fragen

Und Zweifel
Das gute Leben ist ein Leben mit Liebe
Und Hoffnung
Das gute Leben ist ein Leben
In dem man sucht
Und manchmal findet
Was gut ist
Für sich selbst
Und für andere
Und für die Welt

Ich träumte

Ich träumte du wärst bei mir
Und ich wachte auf und du warst fort
Ich träumte ich suchte dich
Und fand dich nicht und suchte weiter
Ich träumte ich rief nach dir
Und hörte nur meine eigene Stimme
Ich träumte ich hätte dich verloren

Und dann sah ich dich und verlor dich wieder
Ich träume ich könnte nicht mehr träumen
Und erwachte und träumte weiter
Von dir zu träumen Nacht für Nacht
bis ich dich finde
Draußen jenseits der Träume
Wo Traum und Wirklichkeit eins werden

Abstand

Zwischen dir und mir
Liegt eine Welt
Aus Raum und Zeit
Die uns trennt
Ich stehe hier
Du bist dort
Unerreichbar fern
Und doch so nah
Unsere Herzen schlagen
Im gleichen Takt
Unsere Seelen sehnen sich

Nacheinander
Doch der Abstand bleibt
Unüberwindbar scheinend
Eine Mauer aus Luft
Und Einsamkeit
Wir rufen uns zu
Mit Worten und Blicken
Versuchen zu überbrücken
Was uns scheidet
Doch am Ende
Bleibt nur die Hoffnung
Dass unsere Liebe
Den Abstand besiegt

Unterschied

Ein kleiner Funke der Güte
Kann Schatten erhellen.
Ein Wort des Mitgefühls
Einsame Seelen beseelen.
Sei der Wandel, den du suchst,

Lass Taten deinen Weg markieren.
Denn jeder Schritt, noch so klein,
kann die Welt neu kreieren.
Ergreife die Hand des Fremden,
Schenk ein Lächeln dem Betrübten.
Denn im Spiegel deines Handelns
Zeigt sich, was wir wirklich übten.

Hoffnung

Hoffnung ist
ein Lichtschimmer in dunkler Nacht

Sie ist die Stimme
die flüstert
es wird alles gut

Hoffnung ist
der Glaube an das Gute
inmitten von Leid

Sie ist die Kraft aufzustehen
    wenn man am Boden liegt

Hoffnung ist was uns antreibt
    was uns leben lässt

Sie ist ein Versprechen
    dass es besser wird
    irgendwann

Hoffnung
    stirbt zuletzt
    heißt es

Ich sage
    Hoffnung lebt
    immerfort

Ich vermisse Dich

ich vermisse dich
wie die Blume die Sonne
wie der Himmel die Wolken.
wie das Meer den Horizont

ich vermisse dich
wenn ich morgens erwache
und dein Lächeln nicht sehe
das mich sonst begrüßt

ich vermisse dich
in jeder stillen Stunde
wenn gedanken zu dir wandern
und die Sehnsucht mich durchdringt

ich vermisse dich
wenn ich abends zur Ruhe komme
und deine Wärme nicht spüre
die mich sonst umfängt

ich vermisse dich
mit jeder Faser meines seins
in jedem Atemzug
und jedem Augenblick

ich vermisse dich
und hoffe auf ein wiedersehen
wenn die zeit uns wieder zusammenführt
und die liebe uns eint

ich vermisse dich
heute und alle tage
bis wir uns wiederfinden
und die Leere vergeht

Ich will mit Dir

ich will mit dir
nicht nur reden
ich will mit dir
nicht nur lachen

ich will mit dir
die Wärme teilen
und die kälte
des Alleinseins vertreiben

ich will mit dir
Träume spinnen
und in deinen Armen
Geborgenheit finden

ich will mit dir
die Welt entdecken
und in deinen Augen
mich selbst erkennen

ich will mit dir
lieben und streiten
zusammen wachsen
und uns verzeihen

ich will mit dir
mein Leben bauen
auf vertrauen und respekt

eine Zukunft uns erträumen

ich will dich
ganz und gar
mit haut und haar
Heute und immerdar

Gute Nacht, mein Freund

Gute Nacht, mein Freund

Ich wünsche dir
eine gute Nacht
nicht nur den Schlaf
der dich sanft umfängt

Ich wünsche dir
den Frieden
der deine Seele einhüllt
wie eine warme Decke

Ich wünsche dir
die Träume
die dich beflügeln
und in ferne Welten tragen

Ich wünsche dir
das Loslassen
all der Sorgen und Gedanken
die dich durch den Tag begleiten

Ich wünsche dir
das Vertrauen
dass der neue Morgen
voller Hoffnung und Chancen ist

Und ich wünsche dir
das Wissen
dass es irgendwo
jemanden gibt
der an dich denkt
wenn der Tag erwacht

Schlafe gut, mein Freund

und mögest du
gestärkt und ermutigt
in den neuen Tag gehen

Was wir ändern können

Was wir ändern können

Wir können die Richtung ändern in die wir gehen aber nicht die Steine, über die wir stolpern

Wir können die Worte ändern die wir sagen aber nicht die Ohren, die sie hören

Wir können die Gedanken ändern die uns bewegen aber nicht die Träume die uns des Nachts besuchen

Wir können die Liebe ändern die wir geben aber nicht die Herzen, die wir damit berühren

Was wir nicht ändern können

Wir können nicht die Zeit ändern die uns geschenkt ist nur die Art, wie wir sie nutzen

Wir können nicht die Welt ändern, in der wir leben nur die Weise wie wir in ihr sind

Wir können nicht das Schicksal ändern das uns erwartet nur die Haltung, mit der wir ihm begegnen

Wir können nicht den Tod ändern der uns am Ende nimmt nur das Leben das wir davor führen.

Das Sein

Sein ist nicht nur Existenz

nicht nur Da-Sein in Raum und Zeit

Sein ist das Lachen eines Kindes und die Träne im Gesicht eines Greises

Sein ist der Schmetterling, der für einen Tag lebt und die Schildkröte die Jahrhunderte durchschreitet

Sein ist der Moment zwischen zwei Atemzüge die Stille zwischen zwei Herzschlägen

Sein ist das Samenkorn das darauf wartet zu keimen und die Blume die darauf wartet zu welken

Sein ist das Geheimnis das wir in uns tragen das Rätsel das wir sind und das wir jeden Tag aufs Neue zu lösen versuchen

Worte

Worte können
streicheln oder schlagen aufrichten oder erschlagen
umarmen oder erdrücken
Sie können Mauern
aus Hass errichten
oder Brücken aus Liebe
von Mensch zu Mensch

Worte können sein
wie warmer Regen auf ausgetrockneter Haut
oder wie Säure, die sich ins Fleisch der Seele frisst

Sie können Fenster öffnen
zu unbekannten Welten
oder Türen zuschlagen
vor der Wirklichkeit

Worte sind Werkzeuge
sie formen und gestalten
schaffen und zerstören
Je nachdem
in wessen Händen
und aus welchem Herzen
sie entspringen

Die Nacht 1

Die Nacht kommt leise wie auf Zehenspitzen
legt ihren dunklen Mantel über die müde Stadt

Sterne blinzeln

durch das schwarze Tuch
flüstern silberne Geheimnisse
die niemand versteht
Träume schweben
durch stille Räume
malen bunte Bilder
in schlafende Köpfe

Bis der Morgen wieder alles vertreibt
die Nacht sich zurückzieht
um am Abend erneut zu erwachen

Der Engel

Ein Engel kam zu mir in dunkler Nacht hat mir ein Licht gebracht

Er sprach zu mir ganz ohne Worte und doch so klar als ob ich's hörte

Seine Flügel waren aus reinem Licht durchdrangen mich bis ins Gesicht

Er nahm mich bei der Hand führte mich sanft in ein unbekanntes Land

Dort zeigte er mir was Liebe heißt und wie man Wunden der Seele heilt dann war er fort so schnell wie er kam doch seine Botschaft, die blieb und nahm mir meine Scham

Seitdem weiß ich tief in mir drin, dass ich geliebt bin so, wie ich bin

Nah bei dir

Nah bei dir sein ist nicht nur dicht an dich geschmiegt

Nah bei dir sein heißt auch in Gedanken mit dir verbunden egal wie fern

Nah bei dir sein bedeutet deine Gefühle zu spüren ohne Worte

Nah bei dir sein ist eine Berührung von Seele zu Seele

Denn wirkliche Nähe braucht keinen Ort

sondern nur zwei Herzen im Einklang

Die anderen

Die anderen
sind nicht wie wir
und doch so ähnlich

Sie haben andere Gesichter
andere Geschichten
andere Träume

Doch im Grunde
teilen sie mit uns
die gleichen Hoffnungen und Ängste

Die anderen
sind ein Spiegel
in dem wir uns erkennen

Sie konfrontieren uns
    mit unseren Vorurteilen
    und blinden Flecken

Die anderen
    sind eine Herausforderung
    an unsere Empathie und Toleranz

Eine Einladung
    über unseren Tellerrand
    hinauszublicken

Manchmal sind die anderen
    eine Bedrohung
    für unsere Identität und Sicherheit

Dann bauen wir Mauern
    um uns zu schützen
    und grenzen uns ab

Doch die anderen
    sind auch eine Bereicherung
    eine Quelle der Inspiration

Sie erweitern unseren Horizont
und stellen unsere Sichtweisen
in Frage

Ohne die anderen
wären wir ärmer
einsamer und eingeschränkter

Denn erst im Dialog
mit dem Fremden und Andersartigen
werden wir ganz zu uns selbst

Die anderen
sind ein Teil von uns
ob wir es wahrhaben wollen oder nicht

Wir sind alle verbunden
im Netz des Lebens
auf diesem einen Planeten

Das Warten

Warten ist
ein Zustand zwischen
Ungeduld und Hoffnung

Eine Zeitspanne
in der die Gedanken
ins Kreisen geraten

Warten bedeutet
die Gegenwart anzuhalten
für eine ungewisse Zukunft

Es ist ein Versprechen
das eingelöst werden will
irgendwann

Warten heißt
die Sehnsucht zu zähmen
und die Enttäuschung zu zügeln

Es ist eine Übung
   in Gelassenheit
   und Vertrauen

Manchmal ist das Warten
   ein Geschenk
   eine Atempause

Eine Gelegenheit
   zu sich selbst
   zu finden

Und manchmal
   ist es eine Qual
   ein schleichender Dieb

Der uns die Lebenszeit
   Minute um Minute
   stiehlt

Warten ist
   ein ständiger Begleiter
   auf unserer Reise

Mal lästig
mal tröstlich
doch immer lehrreich

Denn im Warten
offenbart sich der wahre Wert der Dinge

Und die Stärke
unserer Sehnsucht
und unseres Willens.

Die Seele

Die Seele
ist nicht greifbar
und doch so fühlbar

Sie ist der Kern
unseres Seins
unser innerstes Wesen

Die Seele
kennt keine Grenzen
sie ist frei und weit

Sie verbindet uns
mit allem Lebendigen
auf dieser Welt

Die Seele
ist verletzlich
und doch so stark

Sie trägt die Wunden
unserer Erfahrungen
und wächst an ihnen

Die Seele
ist der Quell
unserer Liebe und Creativität

Sie ist die Kraft
die uns beflugelt
über uns hinauszuwachsen

Die Seele
ist ein Geheimnis
das wir in uns tragen

Ein göttlicher Funke
der darauf wartet
entfacht zu werden

Die Seele
ist unsterblich
ein Teil der Ewigkeit

Wenn wir sterben
kehrt sie zurück
zu ihrem Ursprung

Doch solange wir leben
ist es an uns
für sie zu sorgen

Ihr Raum zu geben
sie zu nähren
und zu ehren

Denn die Seele
    ist unser kostbarster Schatz
    unser wahres Selbst.

Das Spiel

Spielen ist
    mehr als Zeitvertreib
    es ist eine Lebenskunst

Eine Möglichkeit
    die Welt zu erkunden
    und zu gestalten

Im Spiel
    werden Grenzen überschritten
    und Rollen getauscht

Es ist ein Raum
    in dem alles erlaubt ist
    was sonst verboten

Spielen bedeutet
sich fallen zu lassen
ins Ungewisse

Offen zu sein
für Überraschungen
und Wendungen

Das Spiel
kennt keine Perfektion
nur den Reiz des Moments

Es lebt vom Wagnis
vom Ausprobieren
und Scheitern

Spielen heißt
den Augenblick zu feiern
mit kindlicher Freude

Denn im Spiel
sind wir ganz
bei uns selbst

Und doch verbunden
mit anderen
im gleichen Geist

Der Mut

Mut ist nicht
die Abwesenheit von Angst
sondern die Entscheidung

Trotz der Angst
zu handeln
und aufzustehen

Mut bedeutet
die eigene Furcht
zu überwinden

Um für das einzustehen
was wichtig ist

und richtig

Mut heißt
Risiken einzugehen
und Unsicherheit zu ertragen

Weil man an etwas glaubt
das größer ist
als man selbst

Mut ist eine Wahl
die jeder treffen kann
immer wieder neu

Eine innere Kraft
die uns antreibt
über uns hinauszuwachsen

Mut ist nicht
den Helden vorbehalten
er schlummert in jedem von uns

Darauf wartend
geweckt zu werden

um die Welt zu verändern

Die Leere

Die Leere
ist nicht Nichts
sie ist ein Raum

Gefüllt mit Stille und ungesagten
Worten

Die Leere
kann Beklemmung sein
oder Befreiung

Je nachdem
ob man sie fürchtet
oder annimmt

Die Leere

ist der Zwischenraum
zwischen dem Jetzt

Und dem
was kommen
könnte

Die Leere
lädt uns ein
zu verweilen

Bis wir erkennen
dass auch sie
vergänglich ist

Zufriedenheit

Zufriedenheit
ist nicht
das Fehlen von Wünschen

Sondern die Erkenntnis
dass man hat
was man braucht

Und manchmal sogar
ein bisschen mehr

Zufriedenheit bedeutet nicht
alles zu besitzen

Sondern zu schätzen
was man sein Eigen nennen darf

Zufriedenheit
heißt auch zu verzichten
und loszulassen

Um frei zu sein
für das Glück
im Jetzt und Hier

Zufriedenheit
will gelernt sein

Tag für Tag

Eine Haltung
die uns erfüllt
von innen heraus

Loslassen

Loslassen ist schwer
Aber manchmal notwendig
Um nicht unterzugehen
Im Festhalten

Loslassen ist wie Fallen
Ins Ungewisse
Ohne Halt
Und ohne Sicherheit

Loslassen ist wie Sterben
Ein kleiner Tod
Um neu geboren zu werden

Für ein anderes Leben

Loslassen ist Vertrauen
Dass es weitergeht
Auch ohne das
Was wir nicht lassen wollen

Loslassen ist der Anfang
Von etwas Neuem
Das wir noch nicht kennen
Aber das auf uns wartet

Loslassen ist der Schmerz
Den wir aushalten müssen
Um die Freude zu finden
Die im Loslassen liegt

Der Himmel

Der Himmel ist nicht immer blau

Manchmal ist er grau
Oder schwarz
Oder rot

Der Himmel kann strahlen
Oder weinen
Oder zürnen
Oder schweigen

Der Himmel ist hoch
Aber nicht zu hoch
Für unsere Träume
Und Hoffnungen

Der Himmel ist weit
Aber nicht zu weit
Für unsere Sehnsüchte
Und Wünsche

Der Himmel ist nah
Aber nicht zu nah
Für unsere Ängste
Und Zweifel

Der Himmel ist immer da

Ob wir ihn sehen Oder nicht

Er wartet auf uns

Leidenschaft

Leidenschaft, du loderndes Feuer in meiner Brust,

Entfacht von deinem Blick, deiner Berührung, deinem Kuss. In deiner Gegenwart verglühe ich vor Verlangen,

Meine Haut brennt unter deinen forschenden Händen.

Jede Faser meines Seins sehnt sich nach dir,

Dürstet nach deiner Nähe wie die Wüste nach Regen. Ich ertrinke in deinen Augen, in unergründlichen Tiefen, Dein Atem wird zu meinem Lebenshauch. Komm, lass uns eintauchen in den Strudel der Ekstase! Unsere verschlungenen Körper beben vor Begierde. Leidenschaft ist der Taktgeber unserer Herzen, bis Raum und Zeit in diesem Rausch verblassen. Deine Leidenschaft hat mich neu erschaffen,

Aus Liebe wurde Hingabe, aus Begehren pure Notwendigkeit. Ohne dich bin ich nur ein Schatten meiner selbst, erst deine Berührung haucht mir Leben ein.

Die Kraft der Entscheidung

Entscheidung ist ein Augenblick der Wahrheit
Ein Scheideweg, an dem wir Richtung wählen
Nach links, nach rechts, geradeaus ins Ungewisse
Wir müssen uns entschließen, uns befehlen

Entscheidung ist ein Akt der Freiheit und des Muts
Ein Schnitt, der trennt, was war, von dem, was kommt
Wir lassen los, wir wagen neu zu fassen

Auch wenn der Ausgang ungeklärt und unbenomm‘

Entscheidung ist ein Sprung ins kalte Wasser
Ein Schritt von der Klippe ins Unvertraute
Wir können planen, wägen, Chancen messen
Doch irgendwann heißt's: Spring! Sonst ist's versaut

Entscheidung heißt, sich festzulegen, Farbe zu bekennen
Zu sagen: Ja, ich will! Ich steh dazu!
Auch wenn die andren spotten, Zweifel säen, uns nicht gönnen
Wir folgen unsrer inneren Kompassnadel stur

Denn jede Wahl birgt auch ein Nein, Verzicht und Opfer
Wir können nicht auf allen Hochzeiten tanzen
Entscheidung fordert Konsequenz und Standhaft
Sonst gleichen wir Wetterhähnen, Irrlichtern und Schranzen

Doch wahre Freiheit liegt in der Entscheidung
In unserer Kraft, dem Schicksal die Stirn zu bieten
Selbst zu gestalten, wer wir sind und werden wollen
Statt nur zu treiben in des Lebens Fluten

So lasst uns mutig sein, wenn's drauf ankommt
Lasst uns beherzt die Zügel selbst in die Hand zu nehmen
Denn jede Wahl, ob groß, ob klein, prägt unser Sein
Entscheidung ist der Anfang von allem - welch ein Glück zu wähnen!

Drum ehren wir die Kraft der Entscheidung
Als Schlüssel zu einem selbstbestimmten Leben
Sie adelt uns als Herrn im eignen Haus
Und schenkt die Würde echten Menschseins eben

Laufen

Laufen ist Freiheit
Ein Ausbruch aus dem Stillstand
Eine Flucht vor der Enge
Des Denkens und der Welt

Laufen ist Rebellion
Gegen die Schwerkraft und die Trägheit
Gegen die inneren Stimmen
Die uns festhalten und lähmen wollen

Laufen ist Leidenschaft
Ein Feuer, das uns antreibt
Und verbrennt, was uns kleinmacht
Ein Rausch der Geschwindigkeit und des Atems

Laufen ist Meditation
Ein Weg zu sich selbst
Im Rhythmus der Schritte

Findet der Geist zur Ruhe und Klarheit

Laufen ist Gemeinschaft
Auch wenn wir alleine unterwegs
Teilen wir die Strecke und das Ziel
Mit unzähligen anderen Läufern dieser Welt

Laufen ist Lebendigkeit
Ein Ja zum Hier und Jetzt
Mit jedem Schritt spüren wir
Dass wir existieren, ganz und gar

Laufen ist Grenzüberschreitung
Ein Vordringen ins Unbekannte
Zu neuen Ufern und Möglichkeiten
Die sich erst zeigen, wenn wir aufbrechen

So lasst uns laufen
Immer weiter und weiter
Nicht um anzukommen
Sondern um unterwegs zu sein

Denn im Laufen begegnen wir
Uns selbst und der Welt

Im Laufen finden wir den Mut
Das zu werden, was wir sein können

Geduld

Geduld ist eine Schnecke
Die langsam kriecht
Scheinbar kommt sie nicht vom Fleck
Doch sie gibt niemals auf

Geduld ist ein Samenkorn
Das lange ruht in dunkler Erde
Bis es keimt und sprießt
Und ans Licht strebt mit zarter Kraft

Geduld ist ein weiser Lehrer
Der nicht drängt und nicht befiehlt
Sondern wartet und vertraut
Dass jeder wächst zu seiner Zeit

Geduld ist keine Schwäche
Kein träges Nichtstun und Ertragen
Sie ist die Kunst des rechten Moments
Des klugen Wartens und Gewährens

Geduld heißt nicht, passiv zu sein
Sondern wach und aufmerksam zu bleiben
Bereit zu handeln, wenn die Stunde reif
Doch auch zu ruhen, wenn die Zeit noch nicht gekommen

In einer Welt der Hast und Ungeduld
Ist sie ein seltenes Gut geworden
Wer sie übt, erntet reiche Frucht
Gelassenheit, Vertrauen, inneren Frieden

So lasst uns lernen von der Schnecke
Vom Samenkorn und weisen Lehrer
Lasst Geduld uns üben Tag für Tag
Mit uns, den anderen und dem Leben selbst

Denn was langsam wächst und reifen darf
Hat Bestand und trägt die besten Früchte
Geduld ist der Schlüssel zu wahrer Größe

Zu einem erfüllten Sein in jedem Augenblick

Das Glück

Glück ist ein scheues Reh
Das sich nicht fangen lässt
Es hüpft vorbei ganz sacht und leis
Lacht uns zu und ist schon weg

Wir jagen ihm hinterher
Mit Netz und doppeltem Boden
Wollen es festhalten für immer
Doch es entgleitet uns wie Nebelschwaden

Denn Glück ist kein Besitz
Kein Schatz, den man horten kann
Es ist ein flüchtiger Moment
Ein Geschenk, das jetzt ist und dann verweht

Glück ist ein zartes Pflänzchen

Das wächst, wo man es nicht erwartet
Zwischen Pflastersteinen, in Mauerritzen
Trotzt es dem Beton und erblüht ungefragt

Es ist der Klang eines Lachens
Der warme Blick eines lieben Menschen
Der Duft von frischem Brot am Morgen
Ein Sonnenstrahl, der durch die Wolken bricht

So zart und flüchtig diese Augenblicke sind
So kostbar und unvergesslich macht sie das
Sie begleiten uns wie ein heimliches Licht
Auch wenn der Alltag grau und mühsam scheint

Vielleicht ist das die Kunst:
Nicht dem Glück nachzujagen wie besessen
Sondern achtsam und dankbar zu sein
Für die Fülle des Jetzt und Hier

Dann werden wir das Glück sehen
Nicht als seltenen Gast, der flieht
Sondern als treuen Begleiter
Der immer da ist, jederzeit

Frau und Mann

Sie sind wie Tag und Nacht
Wie Sonne und Mond
So unterschiedlich und doch
Untrennbar verbunden in ihrem Lauf

Er ist das harte Kantische
Sie das weiche Runde
Er die gerade Linie
Sie die geschwungene Kurve

Sie ergänzen sich und brauchen sich
Ziehen sich an und stoßen sich ab
Wie die Pole eines Magneten
Ungleich und doch bestimmt füreinander

Ohne den anderen wären sie nicht ganz
Nur ein Bruchstück, eine Ahnung ihrer selbst
Erst in der Begegnung, im Tanz miteinander
Finden sie ihre wahre Bestimmung

Doch allzu oft verstehen sie sich nicht
Reden aneinander vorbei, verletzen sich
Gefangen in Klischees und Rollenzwängen
Blind für des anderen Wesen und Bedürfnis

Dabei ist es so einfach und so schwer zugleich:
Frau sein, Mann sein, Mensch sein
Sich öffnen für das Gegenüber, das Fremde
Das eigene Ich erkennen im Du

Jenseits von Venus und Mars
Auf der Erde, im Hier und Jetzt
Wo alles Leben Gestalt annimmt
Begegnen sich Frau und Mann staunend neu

So lasst uns diese Polarität ehren
Als Quelle von Schöpfung, Freude und Schmerz
Lasst uns mutig lieben, was uns anzieht
Denn nur vereint werden wir zum Ganzen

Die Mäßigung

Mäßigung ist ein weises Wort
Doch oft so schwer zu praktizieren
Wenn alles lockt und alles reizt
Und wir uns leicht verlieren

In Fülle und Versuchung rings umher
Scheint Mäßigung wie ein Verzicht
Wie eine Bürde, eine Last
Die unsere Freiheit unterbricht

Doch Mäßigung ist kein Gefängnis
Sondern ein Schlüssel zur Balance
Sie lehrt uns, klug zu wählen aus
Und nicht zu erliegen jedem Tanz

Mäßigung heißt, sich selbst zu kennen
Die eigenen Grenzen zu verstehen
Nicht alles müssen, nicht alles wollen

Und doch das Wesentliche zu sehen

Sie ist die Kunst des rechten Maßes
Der Mitte zwischen Zuviel und Zuwenig
Sie schützt vor Exzess und Leere gleichermaßen
Und macht uns stark, gelassen, echt

Mäßigung ist kein Dogma, keine Regel
Sondern eine innere Haltung, eine Wahl
Sie bedeutet, mit sich im Reinen zu sein
Egal wie groß Verlockung und Qual

So lasst uns üben diese hohe Kunst
Lasst Mäßigung uns ein Kompass sein
Der uns führt durch alle Stürme des Lebens
Hin zu Zufriedenheit und innerem Frieden

Liebe

Liebe ist ein seltsames Spiel

Sie kommt und geht, wie sie es will
Sie ist nicht fassbar, nicht zu halten
Lässt sich in keine Form pressen, falten

Liebe ist oft unbequem
Sie stellt infrage, sie bringt in Rage
Sie zeigt die Abgründe der Seele
Die Schatten, die Zweifel, die Qualen

Doch Liebe ist auch ein Geschenk
Das uns erhebt und Flügel verleiht
Das uns das Herz öffnet, den Blick weitet
Und uns zu dem macht, was in uns gedeiht

Liebe ist ein tägliches Wagnis
Sich zu öffnen, sich zu zeigen
Verletzlich zu sein und doch so stark
Sich fallen zu lassen, ohne zu schweigen

Liebe ist ein ewiges Rätsel
Das jeder für sich lösen muss
Sie fordert alles und schenkt noch mehr
Sie ist Vertrauen und Verdruss

Am Ende bleibt sie ein Geheimnis
Das wir ein Leben lang ergründen
Mal brennend heiß, mal sanftes Glühen
In ihrer Tiefe können wir uns finden

So lasst uns lieben, mutig und frei
Lasst uns das Risiko eingehen
Denn ohne Liebe sind wir nichts
Erst durch sie können wir verstehen

Das Schicksal

Das Schicksal, sagt man, lenkt den Lauf
Von allem, was geschieht
Es hebt uns hoch, es wirft uns nieder
Wie es gerade sieht

Doch ist es wirklich eine Macht
Die unbezwingbar thront?
Ein Gott, der willkürlich und blind

Belohnt und auch bestraft?

Ich glaube eher, das Schicksal ist
Die Summe unserer Entscheidung
Von Zufall, Glück und Pech durchkreuzt
Doch meist in unserer Verantwortung

Gewiss, wir können vieles nicht bestimmen
Wohin und wann geboren, in welche Zeit
Doch wie wir denken, handeln, lieben
Liegt immer in unserer Macht bereit

Das Leben ist kein fixed Drehbuch
Dem wir nur folgen ohne Wahl
Wir schreiben täglich unsere Rolle
Wenn auch nicht frei von Müh‘ und Qual

Am Ende formt sich das Schicksal
Aus dem, was wir daraus machen
Wir sind nicht Opfer einer höhren Fügung
Sondern Schöpfer unserer eigenen Sachen

So lasst uns mutig Schicksal schmieden
Aus Entschlossenheit, Hoffnung, Tat

Denn selbst bestimmtes Leben ist
Der einzig gangbare Pfad

Die Langeweile

Langeweile ist ein graues Tier
Das sich in unsere Seelen schleicht
Wenn nichts mehr lockt und nichts mehr reizt
Und alles schal und sinnlos scheint

Sie lähmt den Geist und lähmt den Leib
Macht träge Stunden zäh wie Blei
Und jeder Reiz wird stumpf und schwach
Als wäre alle Freude vorbei

Doch Langeweile ist auch ein Test
Ob man mit sich allein etwas anfangen kann
Sie ist der Impuls loszulassen
Was nicht erfüllend ist und uns entspannt

Sie ist die Chance neu zu entdecken
Was uns berührt und was uns nährt
Und uns auf uns selbst zu besinnen
Was wirklich zählt auf dieser Erd'

So ist die Langeweile Fluch und Segen
Leere, die uns erstarren lässt
Doch auch der Boden für neue Gedanken
Die wachsen, wenn man die Stille aushält

Sie lehrt uns die Kunst des Müßiggangs
Nichts tun als Quelle für Kreativität
Wenn wir ihr Raum und Zeit gewähren
Zeigt sie uns vielleicht den Weg zur Freiheit

Zeit

Zeit ist
der Rhythmus des Lebens
mal schnell mal langsam

immer in Bewegung

Zeit ist

die Währung unserer Tage kostbar und begrenzt

nutze sie weise

Zeit ist

wenn Momente zu Erinnerungen werden und Erinnerungen verblassen

im Strom der Jahre

Zeit ist

Der Atem zwischen den Worten

die Pause in der Musik die Stille zwischen den Gedanken

Zeit ist

ein Geschenk und ein Rätsel nütze den Augenblick

denn er kommt nie wieder

Melancholie

Melancholie ist
wenn die Schatten länger werden und die Farben verblassen
ohne dass die Sonne untergeht

Melancholie ist
wenn die Sehnsucht dich erdrückt
nach etwas das du nicht benennen kannst und doch schmerzlich vermisst

Melancholie ist, wenn die Erinnerung schwer wird
und die Zukunft leer erscheint
gefangen zwischen Gestern und Morgen

Melancholie ist
der graue Schleier über deinen Gedanken der dich von der Welt trennt
wie dichter Nebel

Melancholie ist
    die leise Traurigkeit in deinem Herzen
    ohne Anfang und Ende
    dein ständiger Begleiter

Freude

Freude ist, wenn du lachst
    ohne Grund
    einfach weil die Sonne scheint

Freude ist
    wenn dein Herz tanzt zu einer Melodie
    die nur du hörst

Freude ist, wenn du andere mit deinem Lächeln anseckst
    und Wärme verschenkst

Freude ist
das Geschenk eines Moments kostbar und flüchtig
genieße sie

Freude ist der Funke in dir
der dich leuchten lässt
sei dankbar dafür

Wahre Freunde

Es gibt Menschen, die dir zur Seite stehen
wenn du sie brauchst
ohne zu fragen
Die deine Gedanken erraten
bevor du sie aussprichst
und deine Gefühle verstehen
ohne viele Worte
Sie hören dir zu
und geben Rat
wenn du ihn suchst

Sie trösten dich
wenn du traurig bist
Wahre Freunde begleiten dich durchs Leben
mit all seinen Höhen und Tiefen
Sie nehmen dich an
wie du bist
Und bleiben dir treu
auch über Entfernungen und die Jahre hinweg
Denn Freundschaft ist
ein kostbares Geschenk

Hoffnung

Ich habe die Hoffnung
noch nicht verloren
auch wenn sie sich
manchmal versteckt
Sie ist da in den kleinen Dingen
im Lächeln eines Fremden
im Sonnenstrahl, der durch Wolken bricht
Hoffnung lässt mich weitergehen

auch wenn der Weg
steinig ist und schwer
Sie flüstert mir zu
gib nicht auf
vertraue dem Leben
es hält Überraschungen für dich bereit
Hoffnung meine stille Begleiterin
in dunkelster Nacht
Leuchtfeuer
hin zu besseren Zeiten

Trauer

Trauer ist
Ein dunkler Schatten
Der dich umhüllt wenn das Licht erlischt
Trauer ist ein tiefer Abgrund
In den du stürzt
Wenn der Boden bricht
Trauer ist ein heftiger Sturm
Der dich mitreißt

Wenn die Stille zerbricht
Trauer ist
Ein bitterer Schmerz der dich zerreißt
Wenn die Liebe vergeht
Doch Trauer ist auch
Ein Weg zu dir selbst
Eine Reise nach innen
Zu dem, was bleibt
Wenn alles zerfällt

Einsam

Einsam zu sein
Ist wie im Dunkeln
Nach Licht zu suchen
Das nicht scheinen will
Einsam zu sein heißt mit sich selbst
Die Stille ertragen
Die so laut schreit
Einsam zu sein

Bedeutet zu warten
Auf Nähe und Wärme
Die sich verbirgt
Einsam zu sein ist der Wunsch
Mit jemandem zu teilen
Was keiner versteht denn Einsamkeit
Ist nicht das Alleinsein
Sondern die Sehnsucht nach Zweisamkeit

Das Alter

Die Jahre haben Spuren hinterlassen
Falten und graue Haare zeugen von gelebtem Leben
Doch in den Augen funkelt noch immer der Schalk der Jugend ungebrochen der Lebensmut
Der Körper mag schwächer werden
doch der Geist bleibt wach bis zum letzten Atemzug
Weise geworden durch Erfahrung und Schmerz
schaut man gelassen dem Ende entgegen

Das Alter ist kein Grund zur Klage solange die Neugier bleibt und die Liebe zum Leben

Begehren

Dein Blick streicht über meine Haut
weckt die Sehnsucht
entfacht das Verlangen
Deine Lippen küssen meinen Mund
Feuer breitet sich aus
entzündet die Leidenschaft
Deine Hände erkunden meinen Körper
lassen mich erbeben vor Lust und Begehren
Verschmolzen zu einem Wesen
aufgelöst in Ekstase
genießen wir den Rausch der Liebe

Ich liebe Dich

Ich liebe dich, wie die Sonne den Tag erhellt,
wie der Mond die Nacht in silbriges Licht hüllt.
Ich liebe dich mit der Kraft der Gezeiten,
die kommen und gehen seit Urzeiten.
Mein Herz ist erfüllt von deiner Zärtlichkeit,
die mich wärmt und allen Kummer vertreibt.
In deinen Armen finde ich sicheren Halt,
deine Liebe gibt mir Kraft und Gestalt.

Auch wenn die Schatten des Lebens uns streifen, lass unsere Liebe immer jung und stark bleiben.

Gemeinsam können wir allem Sturm trotzen, in Einheit sind wir wie Fels in den Wogen.

Denn grenzenlos und zeitlos ist dieses Gefühl, das uns verbindet - das ist der Liebe Ziel.

Ich liebe dich heute, morgen und alle Zeit, bis in die tiefste Unendlichkeit.

Die Langeweile 1

Die Langeweile
sitzt wie ein grauer Nebel
auf meinen Schultern
drückt mich nieder

Sie streckt sich aus
in jede Ecke
macht die Zeit
zäh und endlos

Jeder Augenblick
ein Tropfen
der nicht fällt
nur zittert

Die Langeweile
ist ein stummer Begleiter

der mich anstarrt
mit leeren Augen

Doch manchmal
in ihrem Schweigen
höre ich das Flüstern
von alten Träumen

Sie trägt in sich
ein leises Sehnen
nach Bewegung
nach Veränderung

Und in ihrem Schatten
entsteht ein Raum
für Gedanken
die sonst verloren gingen

Die Langeweile
ist eine stille Lehrerin
die mir zeigt
was ich vermisse

Und aus ihrem Grau

kann etwas Neues
geboren werden
wenn ich es zulasse

Die Sehnsucht 1

Die Sehnsucht
ist ein stiller Ruf
der aus der Tiefe
meines Herzens kommt

Ein leises Drängen
ein ungestilltes Verlangen
nach dem, was nicht ist
und doch sein könnte

Sie ist das Echo
einer verlorenen Melodie
die sich in meinen Träumen

verirrt hat

Ein Hauch von dir
der in der Luft liegt
ein Schatten
den ich nicht greifen kann

Die Sehnsucht
zieht mich fort
zu fernen Ufern
die ich nie erreiche

Und doch
ist sie der Kompass
der mich leitet
inmitten der Leere

Manchmal
ist sie schmerzhaft
ein Stich
der nicht heilt

Aber in ihrem Schmerz
liegt auch eine Süße

ein Versprechen
von mehr

Die Sehnsucht
ist mein ständiger Begleiter
ein Flüstern
das mich hoffen lässt

Auf das, was kommt
auf das, was möglich ist
auf das, was
irgendwann vielleicht
doch geschieht

Die Hoffnung

Die Hoffnung
ist ein zarter Faden
der sich durch das Dunkel
zieht

Ein flüchtiges Licht
in der Ferne
das leise
zu mir spricht

Sie lebt
in den kleinsten Dingen
in einem Lächeln
in einem Wort

Manchmal
scheint sie zu schwinden
und die Nacht
wird tiefer

Doch dann
flackert sie auf
wie eine Kerze
im Wind

Sie sagt mir
dass hinter jedem Schatten
ein Morgen wartet

voller Licht

Die Hoffnung
ist ein stiller Begleiter
ein unerschütterlicher Freund
der mich hält

Und in ihrem Glanz
finde ich den Mut
weiterzugehen
auch wenn der Weg
noch verborgen ist

Denn sie zeigt mir
dass selbst in der Dunkelheit
immer ein Funke
lebt

Das Warten

Das Warten
ist ein leiser Begleiter
der sich unbemerkt
an meine Seite schleicht

Es dehnt die Sekunden
zu Stunden
die Stunden
zu Tagen

Ein stummer Dialog
zwischen mir
und der Zeit
die nicht vergeht

Jeder Atemzug
ein Schritt ins Nichts
jedes Herzklopfen
ein Echo

Manchmal
denke ich
es wird nie enden
dieses Warten

Doch in der Tiefe
versteckt sich
eine Hoffnung
die flüstert

Dass irgendwann
ein Augenblick kommt
der das Warten
löst

Und die Zeit
wieder fließt
wie ein Strom
der den Durst stillt

Bis dahin
bleibt das Warten
mein stiller Begleiter
mein geduldiger Freund

Der Alltag

Der Alltag
Kriecht in die Räume
wie ein alter Bekannter
der nicht eingeladen war

Er setzt sich
an den Tisch
nimmt sich Brot
und ein Glas Milch

Wir sprechen nicht
er und ich
aber wir verstehen uns
ohne Worte

Seine Stille
ist laut
seine Nähe
einsam

Er nimmt die Farben
aus den Bildern
macht die Uhren
lauter ticken

Aber manchmal
in den Ecken
findet sich ein Lächeln
oder ein leises Lied

Und ich weiß
auch der Alltag
trägt in sich
einen Hauch von Wunder

Ein Flüstern
von dem, was war
und dem was
noch kommen kann

Der Schatten

Der Schatten deines Lächelns
   fällt auf mich
   wenn du gehst

Er bleibt bei mir
   wenn das Licht sich ändert
   und ich allein zurückbleibe

Er erinnert mich an das,
   was war
   an das, was bleibt

Ein Schatten,
   der mir sagt
   dass du da warst

und vielleicht
   wiederkommen wirst

eines Tages

Er spricht von Abschied
und von Hoffnung
zugleich

Ein stiller Begleiter
der Schatten deines Lächelns
in der Dämmerung

Schatten

Er folgt mir auf dem Fuße, stumm und schwarz,
ein ständiger Begleiter, ohne Rast und Spaß.
Ich laufe schnell, er hält mit Leichtigkeit,
ein Spiegelbild der Dunkelheit.
Am morgen kriecht er hinter Häusern hervor,
streckt sich lang, verschluckt die Welt, Stück für Stück, bevor die Sonne höher steigt, ihn kleiner macht, zum scheuen Ding, das sich am Boden duckt.

Doch selbst im Licht, da lauert er noch leis',verbirgt sich hinter Bäumen, Mauern, scheu und weiß, dass er zurückkehrt, wenn die Sonne sinkt, und mich erneut in Dunkelheit versenkt. Er ist mein zweites Ich, so sagt man sich, die Kehrseite der Medaille, ohne Licht und nichtig. Doch manchmal denk ich, er sieht mehr als ich, die verborgene Wahrheit, fern vom Sonnenstrich.

Der Alltag

Jeden Morgen dasselbe Spiel
 Aufstehen, Kaffee dann ab zum Ziel
 Arbeit, Pflichten Stunden vergehen
 Mittag, Pause weiter im Drehen
 Heim am Abend erschöpft, leer morgen wieder dasselbe, schwer?
 Zwischen all dem ein Lichtblick, zwei Momente des Glücks machen ihn frei
 Doch meistens gefangen im Einerlei
 Stilloses Jagen Tag für Tag, ei

Der graue Trott scheint endlos, bang
bis die Nacht kommt
ein Leben lang?

Die stille Nacht

Die Nacht legt ihren Mantel an, und hüllt die Welt in Dunkelheit,

ein Sternenmeer, so fern und nah, erleuchtet still die Ewigkeit.

Die Straßen ruhen, schweigend nun, kein Laut durchbricht die tiefe Ruh',

nur sanftes Flüstern, leis und sacht,

verheißt der Nacht ein stilles Du.

Der Mond, er wacht am Himmelszelt,

sein Licht so kühl und klar, umhüllt die Welt mit sanfter Hand, bewacht den Schlaf, so wunderbar.

In dieser stillen, dunklen Zeit, träumt jeder still für sich,

bis der Morgen wieder lacht, und neues Tageslicht verspricht.

Einsamkeit

Einsamkeit, ein dunkler Raum, verziert mit den Schatten vergangener Träume, in dessen Stille das Herz schlägt, wie ein gefangener Vogel, dessen Flügel schwer von der Nacht sind.

Die Wände flüstern von vergessenen Gesprächen, von Stimmen, die längst verstummt sind, und in den Ecken lauert das Nichts, ein stiller Begleiter, der nie weicht.

Der Spiegel zeigt ein Gesicht, verzerrt durch die Zeit, die Augen, tief und leer, suchen nach einem Funken, der sich im Nebel der Tage verbirgt.

Einsamkeit, ein langer Korridor, dessen Türen verschlossen bleiben, jede eine Möglichkeit, ein verlorener Weg, doch der Schlüssel liegt im Staub der Erinnerungen, unerreichbar, wie ein ferner Stern.

Der Mond schaut durch das Fenster,ein stummer Zeuge des unendlichen Wartens, und die Uhr, ihr Ticken ein Echo, das die Leere füllt, ohne sie zu brechen.

Ein Buch, ungeöffnet auf dem Tisch, die Seiten weiß und unbeschrieben, jede ein Fragment eines Lebens, das im Stillstand verharrt, ohne Anfang, ohne Ende.

Einsamkeit, das flackernde Licht einer Kerze, die im Dunkeln kämpft, der Rauch steigt auf, windet sich wie Gedanken, die sich im Kreis drehen, ohne Ziel, ohne Frieden.

Ein verlorener Pfad im Wald des Seins, wo die Bäume flüstern und die Stille sich wie ein dichter Nebel senkt, jeder Schritt ein leises Knistern,ein Beweis der Existenz, die sich selbst im Labyrinth der Zeit verliert.

Gute Nacht

Die Nacht legt sich über uns
wie eine schwere Decke
verhüllt unsere Sorgen

mit dunklem Samt

Dein Atem, ruhig und gleichmäßig
eine leise Melodie
die mich trägt
durch die stille Zeit

Die Sterne draußen
sind wie ferne Freunde
blinken uns zu
als wollten sie sagen
alles wird gut

In deiner Nähe
finde ich Frieden
die Dunkelheit wird
zum warmen Nest

Gute Nacht, Geliebte
im Schlaf sind wir
wieder vereint
jenseits aller Fragen

Lust

Lust, du bist die schwarze, fruchtbare Erde, die unter meinen Händen lebt und atmet, ein geheimnisvolles Reich, das im Dunkel ruht, und doch in jeder Faser nach Leben dürstet.

Du bist der Pflug, der tief in die Erde gräbt, mit kraftvollen Zügen das Land aufbricht, ein ungezähmter Strom, der die Scholle teilt, ein Tanz aus Stahl, der das Feld durchdringt.

Lust, du bist der Regen, der vom Himmel fällt, ein silberner Vorhang, der die Erde küsst, ein flüsternder Strom, der die Saat umarmt,

bis die Triebe aus dem Dunkel brechen.

Du bist das goldene Korn, das in der Sonne wiegt, ein Meer aus Ähren, das im Wind tanzt, ein flüsterndes Versprechen in jeder Bewegung, ein sanftes Wiegenlied, das die Ernte einleitet. Lust, du bist der Duft der frischgepflügten Erde, ein süßer Hauch, der die Sinne umarmt, ein berauschendes

Parfum, das die Luft erfüllt, bis jeder Atemzug von deiner Fülle durchdrungen ist.

Du bist der leuchtende Schein des Vollmonds, der über die Felder streicht und sie in Silber taucht, ein stiller Wächter, der die Nacht durchdringt, ein sanftes Licht, das die Dunkelheit erhellt.

Lust, du bist das unaufhörliche Pochen des Lebens, das in jedem Herzschlag widerhallt, ein feuriger Puls, der die Adern durchströmt, ein kraftvoller Schlag, der die Welt bewegt.

Du bist der mächtige Sturm, der über die Lande fegt, ein wilder Tanz, der die Felder beugt, ein ungezähmtes Brausen, das die Seele entfesselt, ein tosender Ruf, der die Nacht erhellt.

Lust, du bist die süße Frucht der Ernte, die schwer an den Ästen hängt, ein reifer Segen, der die Hände füllt, ein saftiges Versprechen, das die Lippen benetzt.

Du bist der tiefe Atem der Natur, der das Land mit Leben füllt, ein ewiger Kreislauf, der in jedem Samen wohnt, ein unendlicher Fluss, der das Herz erweckt.

Lust, du bist die ungezähmte Macht des Seins, die in jedem Herzschlag pulsiert, ein wilder Tanz, der die Seele entfesselt, ein glühendes Feuer, das die Welt erhellt.

Begehren

In der flimmernden Dämmerung, wo die Schatten tanzen,

erwacht ein Verlangen, das in der Tiefe brennt.

Die Luft schmeckt nach Moschus und seidenem Wahnsinn,

wo deine Berührung wie ein flüchtiger Sternensplitter gleißt.

Deine Augen, dunkle Abgründe, spiegeln mein Begehren,

ein stiller Sturm, der sich im Verborgenen regt.

Ein Hauch von Honig auf deinen Lippen, ein Versprechen, das die Nacht mit silbernen Sehnsüchten füllt.

Jeder deiner Atemzüge, ein elektrisches Zittern, das die Haut durchdringt, ein flammendes Gedicht.

Ich will dich nehmen, dich in meinen Armen fangen,

wie ein Geheimnis, das nur im Flüstern existiert.

Dein Körper, eine Landschaft aus süßer Versuchung, die Berge und Täler, die ich mit Gier erkunde.

Die Zeit zerfließt, verliert sich in der Ekstase,

wo unser Begehren wie ein wilder Fluss rauscht.

In diesem Rausch, in dieser fiebrigen Ekstase,

sind wir Sternenstaub, der in der Dunkelheit glüht.

Ein Kuss, ein Biss, ein leises Stöhnen,

und die Welt zerbricht in einem Schrei der Lust.

Denn in dir finde ich das, was die Seele zersetzt,

ein unstillbares Verlangen, das mich verzehrt.

In deinem Blick, in deinem Duft, in deinem Schweigen,

liegt das Echo des Paradieses, das wir begehren und verlieren.

Liebeserklärung

Meine Liebe, mein Licht, mein lebendiger Traum,
Deine Schönheit gleicht einem endlosen Raum.
Wie Schmetterlinge im Sommerwind schweben,
Fühl ich mich trunken von deinem süßen Leben.

Deine Augen funkeln wie kosmische Sterne,
Führen mich durch Nächte in fabelhafte Ferne.
Rubinrote Lippen, verführerisch und rein,
Lass mich für immer dein Gefangener sein.

Deine Haut so weich wie Rosenblüten im Tau,
Berauscht mich wie Wein, du wunderbare Frau.
In deinen Armen fühl ich mich geborgen,
Vergesse die Welt und alle meine Sorgen.

Du bist die Muse, die meine Seele bewegt,
Die mit Zärtlichkeit mein Herz auf ewig prägt.

Lass uns verschmelzen im Tanz der Leidenschaft,
Bis der letzte Atemzug uns davon rafft.

So schwöre ich dir meine ewige Liebe,
In Versen voll metaphorischem Getriebe.
Meine Liebste, mein Engel, mein Herz schlägt für dich,
Bis in alle Ewigkeit - ich liebe dich.

Liebesbrief

Meine über alles geliebte Frau,

in den stillen Momenten der Nacht, wenn die Sterne am Himmel funkeln und der Mond sein silbriges Licht verströmt, sind meine Gedanken ganz bei dir. Du bist die Melodie meines Herzens, der sanfte Wind, der meine Seele liebkost. Tief in mir spüre ich deine Nähe, als würdest du neben mir liegen, eingehüllt in unsere gemeinsamen Träume.

Unsere Liebe ist wie ein Leuchtfeuer in der Dunkelheit, das uns den Weg weist. Sie lässt sich nicht messen oder wiegen, denn sie ist grenzenlos und kostbarer als alles andere auf dieser Welt. Mit jedem Tag wächst meine Liebe zu dir, wird stärker und inniger.

Du bist die Quelle meines tiefsten Begehrens, mein sicherer Hafen. Bei dir kann ich ganz ich selbst sein. Wenn Tränen fließen, bist du da, um sie zu trocknen. Wenn Zweifel nagen, vertreibst du sie mit deinem strahlenden Lächeln. Deine Liebe gibt mir Kraft und lässt mich über mich hinauswachsen.

Unsere Seelen sind untrennbar miteinander verbunden. Auch wenn uns manchmal Entfernung trennt, bleibst du doch immer in meinem Herzen. Dann sehne ich mich danach, die Distanz zu überbrücken und bei dir zu sein. Dein Bild, so lebendig vor meinem inneren Auge, tröstet mich, bis wir uns endlich wieder in den Armen liegen.

Du bist das größte Geschenk, das mir das Leben je gemacht hat. Deine Liebe erfüllt und beflügelt mich. Sie ist mein Lebenselixier, ohne das ich nicht mehr sein möchte. Ich verspreche dir, dich auf Händen zu tragen, dich wertzuschätzen und zu ehren, bis ans Ende unserer Tage und darüber hinaus.

In unendlicher Liebe,
Dein Dich ewig liebender Mann

Was Liebe ist

Liebe ist wie ein Seil,
Das zwei Herzen verbindet.
Fest und stark, Es hält und trägt
auch wenn der Sturm des Lebens weht.
Liebe ist eine Wurzel,
die tief in die Erde der Zukunft reicht,
Zwei Bäume nährt und stützt,
auf dass sie gemeinsam wachsen,
dem Himmel entgegen.
Liebe ist nicht nur Schmetterling im Bauch,

nicht nur Rausch und süßer Wein,
nicht Besitz und Eigennutz, nicht Kerker oder Fessel.
Liebe ist Freiheit und Verbundenheit zugleich
ist Geben und Nehmen,
Rückhalt und Vertrauen,
Verzeihen und Verstehen.
Ein Band, das hält in Freud und Leid,
eine Brücke, die trägt
‚von Ich zu Du, von Du zu Ich,
zwei Seelen eint
Im ewigen Tanz des Seins.

Was Liebe nicht ist

Liebe ist nicht Enge, keine Fesseln und Ketten
Sie lässt dich frei sein, dich entfalten und retten
Liebe ist nicht Not, kein Mangel und Leid
Sie ist Fülle und Reichtum, jederzeit

Liebe ist nicht Besitz, will dich nicht halten

Sie lässt dich wachsen, deine Flügel entfalten
Liebe ist nicht Zwang, kein Müssen und Sollen
Sie ist ein Geschenk, ein freiwilliges Wollen

Liebe ist nicht Angst, kein Zittern und Beben
Sie schenkt dir Mut, dein Leben zu leben
Liebe ist nicht Schmerz, kein Weinen und Klagen. Sie trocknet die Tränen in dunklen Tagen

Liebe ist nicht Kontrolle, kein Planen und Lenken
Sie lässt dich los, um dich wiederzuschenken
Liebe ist nicht Perfektion, kein makelloses Bild
Sie liebt deine Ecken und Kanten, so wild

Liebe ist nicht Stillstand, kein Verharren und Ruhn
Sie ist Bewegung und Tanz, ein ewiges Tun
Liebe ist nicht Einsamkeit, kein einsames Streben
Sie ist Verbundenheit, ein Miteinander im Leben

So ist die Liebe, frei und weit
Ein Geschenk der Unendlichkeit
Sie lässt dich du sein, ganz und gar
Und schenkt dir Flügel, Jahr für Jahr

Regen im Juni

Der Sommer versteckt sich, die Sonne bleibt fern
Kalte Tage im Juni, das Herz friert nicht gern
Wärme ersehnt, doch Kälte regiert
Als ob der Herbst den Sommer entführt

Wolken so grau, der Regen fällt leis
Auf Blüten und Blätter, der Wind bläst so eis'g
Der längste Tag, ohne Sonnenschein
Lässt uns frösteln, ganz allein

Die Jahre enteilen in rasendem Lauf
Als gäb's keinen Sommer, hörten niemals auf
Im ewigen Herbst scheint die Zeit eingefroren
Hat uns der Juni den Sommer gestohlen?

Doch tief im Herzen, da glimmt noch ein Licht
Die Hoffnung auf Wärme erlischt da nicht
Irgendwann werden die Wolken sich heben

Und die Sonne dem Sommer zurück das Leben

So warten wir sehnsüchtig auf bessere Tage
Wo die Kälte vergeht und die Wärme uns labe
Im Regen des Juni, da träumen wir still
Vom Sommer, der kommt, wenn der Herbst nicht mehr will

Nebel

Grau und kalt hüllt er dich ein
Lässt dich die Orientierung verlier'n
Stille umgibt dich, kein Laut zu hör'n Im Nebel bist du ganz allein

Unsichtbar schleicht er sich heran
Legt sich sanft um deine Gestalt
Hüllt dich ein in sein graues Gewand
Macht die Welt um dich herum kalt

Schritt für Schritt, wohin du auch gehst
Folgt er dir, wohin du dich drehst
Im Nebel die Zeit still zu stehen scheint
Bis sich der graue Schleier verneint

Doch manchmal, da kannst du entdecken
Den Zauber, der im Nebel liegt versteckt
Geheimnisvolle Schönheit, zart und fein
Lässt dich für einen Moment nicht allein

So wanderst du durch die neblige Welt
Mal verloren, mal von Magie erhellt
Im Nebel findest du tief in dir
Was sonst verborgen, kommt jetzt zu dir

Alles ist eins

Alles ist eins
Eins sind Erde und Himmel,
eins sind Licht und Schatten,
eins sind Geburt und Tod,

eins sind Freud‘ und Leid.
Wellen und Strand verschmelzen,
Berg und Tal formen Einheit,
Tag und Nacht tanzen im Rhythmus,
alles ist mit allem verbunden.
Jedes Atom, jedes Quark,
jede Zelle, jedes Lebewesen,
alle sind Teile des großen Ganzen,
alles ist eins, unendlich und ewig.
In der Vielfalt der Welt
Erkennen wir die Einheit,
die alle Dinge umfasst,
denn Alles ist Eins.

Für immer Du

Deine Augen, tief und klar,
Sind mein Stern, mein Leuchtend wahr.
Deine Liebe, zart und rein,
Macht mich ewig, lässt mich sein.
Ein Kuss, ein Hauch, ein stiller Blick,

verbindet uns im Augenblick.
Für immer, ja, das sind wir zwei,
in deiner Liebe, endlos frei.

Zukunft, Gegenwart und Vergangenheit

Die Zukunft ist ein weites Meer
Voller Möglichkeiten, wild und leer
Doch mit dir an meiner Seite
Wird jeder Sturm zum sanften Winde

Die Gegenwart ist ein Geschenk der Zeit
Ein Augenblick voll Zärtlichkeit
Wenn ich in deine Augen schau
Ist jeder Moment wie Morgentau

Die Vergangenheit, ein Buch der Erinnerung
An Freude, Schmerz und Wanderung
Doch was auch immer ist geschehen

Unsere Liebe wird bestehen

Denn Liebe kennt nicht Zeit noch Raum
Sie ist wie ein wunderschöner Traum
Der uns verbindet, Herz an Herz
In Freude, Hoffnung, selbst im Schmerz

So lass uns gehen, Hand in Hand
In eine Zukunft unbekannt
Die Gegenwart als kostbar Gut
Erfüllt mit Liebe, Kraft und Mut

Der Seiltänzer der Zeit

Der Seiltänzer der Zeit
Auf dem Seil der Gegenwart, hoch gespannt,
balancieren wir, Seite an Seite, Hand in Hand.
Die Vergangenheit – ein ferner Klang,
der Zukunft entgegen mit einem leisen Bang.

Stehenbleiben ist keine Wahl, das Seil zu schmal,

jeder Schritt ein Tanz, jedes Zögern eine Qual.
Ein Schritt nach vorn in das, was wird,
die Spannung im Seil, es leicht vibriert.

Die Erwartung, schwer wie Blei,
zieht uns vorwärts, zögert, kehrt nie zurück, vorbei.
Die Geschwindigkeit, mit der wir gehen,
bestimmt, wie fest oder sanft wir im Morgen stehen.
Ein Tanz auf dem Draht des Schicksals so klar,
mit jedem Schritt, dem Abgrund so nah.
Doch in der Mitte, zwischen allem Sein,
finden wir Halt in dem dünnen Schein.
Das Seil der Zeit, es trägt uns fort,
durch jeden Tag, an jeden Ort.
Wir sind die Tänzer, die Balance halten,
im Fluss der Stunden, die sanft verwalten.
Ein Netz aus Hoffnung, gewebt so fein,
fängt uns auf, lässt uns niemals allein.
So schreiten wir weiter, die Augen klar,
auf dem Seil der Zeit, Jahr für Jahr.